Henri de Brileuze

Impressions de Voyage

Algérie et Tunisie

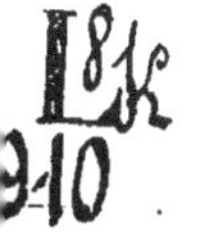

ALENÇON
Typographie et Lithographie Alb. MANIER
(Anciens Établissements Poulet-Malassis)
5, Place d'Armes.
1900

Impressions de Voyage

Henri de Frileuze

Impressions de Voyage

Algérie et Tunisie

ALENÇON
Typographie et Lithographie Alb. MANIER
(Anciens Établissements Poulet-Malassis)
5, Place d'Armes.
1900

PRÉFACE

A Monsieur de la TOURNERIE

CHER AMI,

C'est vous qui m'avez décidé à entreprendre le voyage d'Algérie et de Tunisie. Dans ce choix, vous avez été mon bon conseiller et nous avons mieux compris ensemble ce voyage.

Le souvenir ne suffit pas à l'âme : elle veut encore faire revivre avec plus de vigueur les sentiments les plus vrais, les impressions les plus profondes. Le souvenir si vif qu'il soit s'affaiblit, passe, s'efface même avec le temps : ce n'est qu'un léger effet de mirage ; un instant il brille, mais peu à peu il s'évanouit dans le crépuscule du temps.

J'essaierai donc à reproduire les spectacles les plus saisissants de la nature et de l'archéologie. Je tâcherai de peindre cette riante nature, ces paysages grandioses où nous avons laissé un peu de notre pensée et un peu de notre âme. Parfois le souvenir de notre voyage m'est revenu doucement. J'ai retrouvé pour un instant nos heures de traversée où sur le pont du navire, nous contemplions l'infini de la mer. J'ai revu comme dans un rêve, l'antique Thereste, et Carthage plus vieille encore. Alors j'ai ressenti les douces émotions que nous éprouvions en face des ruines romaines et carthaginoises, et je me suis reporté au temps où ces villes, les plus belles du monde, étaient en pleine prospérité.

Puisse, cher ami, ce modeste ouvrage vous faire encore une fois assister aux spectacles que vous aimiez, et perpétuer les sentiments que nous éprouvions ensemble; sans doute il faut un bien grand talent pour décrire tant de beautés, mais au moins la vérité remplacera le génie.

Nous quittons Paris le jeudi 1er mai 1896. De Paris à Marseille, la route se fait vite, et la rapidité de l'express nous fait oublier la distance. Au départ, les ombres de la nuit nous dérobent la vue de la campagne. Au crépuscule, Lyon nous apparaît, puis les vastes plaines du Dauphiné et derrière, la grande chaîne des Alpes, dont les sommets couverts de glace reflètent toutes les teintes de lumière. Avignon ressemble à une place de guerre : ses palais, ses églises, semblent autant de forteresses et, à voir de loin l'ancien château des papes, on dirait une citadelle. Les dernières hauteurs qui dominent Marseille nous font jouir d'un spectacle grandiose : Deux grandes chaînes de collines plongeant dans la mer viennent expirer très avant dans les flots ; Marseille est enfermée dans cette enceinte.

Chaque fois que l'on voit la Méditerranée, on la trouve différente : elle est insaisissable dans ses aspects sans nombre, dans les rapides successions de teintes que présentent ses flots mobiles. La première fois que je la vis, c'était un lac d'eau azurée, d'une couleur uniforme ; aujourd'hui ce n'était plus un lac, le mistral avait tout changé.

Le vent courbait les arbres du rivage, et la mer toute blanche d'écume nous donnait l'impression d'un immense linceul ; de grosses vagues venaient se briser sur les ilots et les récifs, creusant de noirs abimes, ou s'élançaient droit au ciel comme des trombes, pour retomber en gigantesques cataractes.

Vers une heure du soir le dernier coup de cloche ayant sonné, le transatlantique qui doit nous conduire à Alger lève ses amarres et est remorqué jusqu'à la pointe de l'Estaque.

Les oscillations qui ne s'étaient fait sentir jusque là que de l'avant à l'arrière, secouaient le navire dans l'autre sens, c'est-à-dire de bâbord à tribord : le roulis succédait au tangage. Ce fut le signal d'une retraite générale, qui ne tarda pas à dégénérer en une lamentable déroute. Les passagers avaient hâte de regagner leurs cabines, et en moins de quelques minutes, il ne resta sur le pont qu'un de mes amis, mon compagnon de voyage, aguerri depuis longtemps à ces désagréments de la vie maritime. Lui seul sur le pont, regardait avec une impassibilité toute stoïcienne, les vagues houleuses qui menaçaient à chaque fois, de l'entrainer au milieu des flots.

La réalité d'ailleurs ne laissait pas d'être assez effrayante, la mer était démontée, et le navire roulait avec force. De violentes rafales battaient ses flancs ; d'immenses masses d'eau s'abattaient sur le pont. Lorsque la nuit vint, la tempête redoubla de furie, et l'obscurité jointe au bruit implacable des vagues, rendait le spectacle encore plus saisissant.

Vers deux heures du matin, la mer s'apaisait, et les balancements du transatlantique devenaient plus supportables : une heure plus tard on signalait les iles Baléares. Le vent était tombé ; nous filions d'une allure rapide. Vers deux heures du soir on apercevait la série de collines qui se prolonge de la pointe Pescade jusqu'au fond de la baie, sur laquelle se dégage nettement le Bouzareah, montagne verdoyante qui domine Alger : A gauche il nous était facile de distinguer le Djurdjura, point culminant de la chaine de l'Atlas. Au pied du Bouzareah et de ses contreforts, un point blanc se détachait dans la brume, c'était Alger, Alger la blanche.

Alger prise du port

D'innombrables terrasses mauresques, coupées de distance en en distance par les dômes des mosquées, se rapprochaient de plus en plus de nous, et nous commencions à voir avec netteté les hautes arcades des quais, pressées les unes contre les autres, comme les alvéoles d'une gigantesque ruche.

Alger, Dimanche 3 mai.

Il n'est pas une colonie qui soit, comme l'Algérie, fondue pour ainsi dire avec la métropole. Dans Alger, la ville française occupe les bas quartiers, et se prolonge aujourd'hui sans interruption jusqu'au faubourg de Mustapha. La ville arabe, qui n'a pas dépassé la limite des murailles turques, se presse comme autrefois autour de la Kasba, où les zouaves ont remplacé les Janissaires. Nous passons par la rue de la Lyre et arrivons sur la place de Chartres où des marchands étalent des fleurs, des légumes et des fruits. Près de là se trouve la cathédrale, l'archevêché, le palais du gouverneur. La cathédrale St-Philippe a sa façade composée d'un portique à trois arcades; elle est flanquée de deux tours carrées jusqu'à l'entablement, puis octogonales. L'ensemble du monument, copié sur l'architecture arabe, porte une coupole et des minarets faïencés de carreaux noirs et blancs; un large escalier d'une vingtaine de marches conduit au portique. Dans l'intérieur, la voûte de la nef est couverte d'arabesques stuqués, et supportée par des colonnes de marbre rouges et verts. Des faïences polychromes revêtent les murs jusqu'aux fenêtres.

Nous descendons par la rue de la Marine, pour arriver à la grande Mosquée Djama-Kébir, la plus ancienne d'Alger. Ce monument, un des plus beaux types du genre arabe, est surmonté d'une coupole blanche; son minaret carré est terminé par une pointe où est planté le croissant.

La route de ceinture nous conduit directement à la mosquée de Sidi-Abderrhamann, entourée de mendiants; un escalier étroit et rapide donne accès à une chapelle carrée. Au milieu, sous un catafalque orné de drapeaux, se dresse le tombeau de Sidi-Abderrhamann.

La Mosquée de Sidi-Abderrhamann renferme une autre chapelle plus petite et plus simple, au fond de laquelle un vieillard à barbe blanche sommeillait paisiblement, le chapelet aux doigts.

Nous nous engageons ensuite dans le dédale des ruelles escarpées et tortueuses, qui relient la ville basse à la ville haute, l'Alger français au vieil Alger, à l'Alger arabe. Larges d'un mètre ou deux, ces ruelles qui portent les noms pittoresques de la rue du Chameau, de Tombouctou, de la Bombe, de l'Ours, s'élèvent en escalades hardies, sur des degrés caillouteux, où le pied nu d'un arabe peut seul se poser sans danger.

Mosquée Djama-Kébir

L'étage supérieur des maisons avance en saillie sur la rue, soutenu par des perches rondes, fixées dans le mur pour servir de consoles ou de contreforts ; sur certains points même, soit que ces perches aient fléchi, soient qu'elles aient été construites à dessein pour interrompre les rayons du soleil, les maisons se rejoignent par le haut, et forment une voûte sombre qui laisse à peine filtrer la lumière.

La maison mauresque n'a pas de fenêtre sur la rue : on y pénètre par une porte lourde et massive ornée de clous à large tête ; la façade est enduite à la chaux, badigeonnée en bleu et en blanc. A l'intérieur se trouve un vestibule qui donne dans une cour pavée de marbre ; un bassin est au centre. Tout autour de cette cour, des arcades cintrées forment les galeries supportées par de frêles colonnes. L'intérieur des chambres donne sur le patio ; elles sont garnies de nattes et les murs sont décorés de faïences.

Nous descendons dans la ville européenne, par des rues à pic, des voûtes, des passages sombres et mystérieux. Ce quartier, caractérisé par les cafés maures, est surtout fréquenté par les Almées. Ces femmes enveloppées de voiles légers portent une veste brodée de fleurs d'argent, qui s'entrouvrant laisse voir une chemise de gaze ; une élégante ceinture sert à retenir un pantalon bouffant ; leurs doigts sont chargés de bagues, sur lesquelles on a gravé les surates : leurs pieds sont teints de henné jusqu'à la cheville, et enfermés dans des babouches rouges ; leurs yeux peints avec le kohl, deviennent alors profonds comme des puits où tremble une étoile.

Cette préparation d'origine très ancienne, n'est pas seulement un élément de maquillage, c'est aussi un collyre très efficace contre l'opthalmie si fréquente dans le désert.

Le soir, une troupe espagnole donnait une représentation au théâtre municipal. Le spectacle se divisait en deux parties : une comédie intitulée : *Juegar con fuego, Jouer avec le feu*, dont l'action se passe sous Philippe V d'Espagne et les Aïssaouas. Je ne parlerai pas de la première partie de la séance, mais des Aïssaouas. Une quinzaine d'arabes composent cette troupe étrange. Au son des tambourins battus par des mains endiablées avec des hurlements de bêtes fauves, les divers acteurs sortent des rangs à tour de rôle. Le sujet se précipite au milieu du cercle formé par ses confrères accroupis et se met à danser et à sauter sur place : puis il prend une épée emmanchée d'une lourde pomme en bois, et s'en transperce la joue : Le suivant se l'introduit dans la cavité oculaire. Un troisième se la plante dans le ventre ; mais, comme si cela n'était pas suffisant, un compère survient, et avec un maillet, assène un coup sec sur la pomme de l'épée, qui s'enfonce de plusieurs centimètres. Un arabe

Mosquée de Sidi-Abderhamann

maigre, efflanqué, se présente ensuite. Il ouvre une boite en poussant des cris, saisit une vipère qu'il promène sur son bras et sur sa figure. Le reptile s'échappe, l'Aïssaoua le pourchasse, l'atteint, le met dans sa bouche, le mord, se fait mordre. Le serpent reste suspendu par les crocs au bras du forcené. Après cet exploit, il se met le ventre à nu et s'étend en travers sur le tranchant d'un sabre. Il se balance ainsi en équilibre, tandis qu'un autre se hisse sur son dos, et reste quelques instants debout.

Pendant cet horrible exercice, la lame a pénétré presque en entier, et lorsque le malheureux se redresse, le sabre reste fixé dans les chairs. Cependant on ne voit aucune trace de sang. Y a-t-il réellement blessure ? Où commence l'artifice ? C'est ce qu'il est malaisé de définir.

Blidah, lundi 4 mai.

De grand matin nous partons en chemin de fer d'Alger pour Blidah. En Algérie il n'y a point de rapides ni d'express ; tous les trains sont mixtes. Les arabes aiment à voyager ; on les voit s'entasser dans les wagons de troisième classe, passer leurs têtes encapuchonnées par les portières et leur physionomie animée, leurs gestes, leurs regards, expriment la satisfaction et la curiosité.

Après avoir longé pendant six à sept kilomètres la magnifique baie d'Alger, le train tourne brusquement au sud-ouest, et s'engage dans la fameuse plaine de la Mitidja, plaine d'une fertilité merveilleuse, due en grande partie aux nombreux cours d'eau qui l'arrosent.

Blidah n'est séparée d'Alger que par quelques heures de chemin de fer. Au point de vue pittoresque et artistique, les transformations qu'on a fait subir à Blidah, ont enlevé quelque peu son ancien caractère.

Les antiques demeures mauresques garnies de galeries et de cours intérieures ont disparu, pour faire place à des maisons modernes. Cependant ce renom de beauté qu'on lui attribue, Blidah le doit surtout à la situation exceptionnelle qu'elle occupe au pied même du petit Atlas, ainsi qu'à son épaisse ceinture d'oliviers, de citronniers et d'orangers, dont le parfum pénétrant se répand jusqu'à nous.

Le jardin botanique planté de palmiers, de caoutchoucs, de mimosas, touche au bois sacré.

Rue d'Alger (Haute-Ville)

Le bois sacré est une charmante retraite ; ses magnifiques oliviers au feuillage argenté, aux troncs énormes, aux branchages enchevêtrés, procurent une ombre bienfaisante qui fait contraste avec la chaleur du jour. Au milieu de ces arbres séculaires, est construit le tombeau de Sidi-Yacoub, marabout très vénéré.

La Mosquée se voûte en forme de coupole ; le plafond repose sur de grosses colonnes reliées entre elles à dix pieds du sol par des barres de bois sculpté : des lampes de verre, montées en argent pendent çà et là. Contre les murailles nues, aucun tableau, aucune statue. En effet la loi musulmane condamne formellement toute représentation figurée d'un être quelconque : aucun autre ornement que les sentences tirées du Coran, et calligraphiées en encres de couleurs différentes. Sur l'un des côtés le sanctuaire (ou mihrab) est orienté de façon à indiquer aux musulmans la direction exacte de la Mecque : à droite du mihrab, la tribune où montent les muezzins pour appeler le peuple à la prière.

Vers midi, nous prenons la route de Médéa ; elle doit nous conduire aux célèbres gorges de la Chiffa. Après avoir traversé le village de Beni-Mered, on passe l'Oued-el-Kébir sur un pont gigantesque, peu en rapport avec le volume d'eau du torrent. L'Oued-el-Kébir ou la grande rivière, prend sa source dans l'Atlas aux environs de Bir-Trahia. Cette source donne naissance à une légende. Vers l'an mil, Ahmed-el-Kébir arrivait au pied de l'Atlas, vêtu d'un burnous déchiré, le chapelet aux doigts. L'heure de la prière était venue, et ne trouvant pas d'eau nécessaire à ses ablutions, inspiré par Allah, il appela toutes les sources de la montagne. Sept arrivèrent : il en lança six dans le ravin qui servent à alimenter le torrent de l'Oued-el-Kebir, et il en retint une qui porte encore aujourd'hui le nom de fontaine fraiche. Le caïd Adderhamann, grand chef de la plaine, homme hautain et brutal, ayant besoin d'eau pour ses terres desséchées, vint trouver le marabout et lui dit : Tu n'as pas besoin de tant

Moresque

d'eau pour toi, il faut m'en céder une partie ; je te donnerai en récompense de l'or pour ce service. Ahmed-el-Kebir lui répondit : Je n'ai pas besoin de ton or, et quoique mon burnous soit moins beau que le tien, tu sauras que je suis plus riche que toi, et si tu veux en avoir la preuve, secoue cet arbre. A peine le caïd avait-il ébranlé l'arbre, qu'il en tomba une pluie de pièces d'or ; le cupide impie se précipita pour les ramasser, mais les pièces fuyant plus vite que lui, le conduisirent vers la porte d'une caverne, où il ne craignit pas de pénétrer. A peine était-il entré que les rochers se refermèrent, retenant prisonnier le caïd et son or. Depuis ce moment on entend un bruit sourd et plaintif ; ce n'est pas le bruit de la source, mais les cris du caïd qui expie son crime, étouffé par la montagne.

Nous arrivons aux défilés de la Chiffa. Dans la profondeur de la montagne s'ouvre une gorge étroite. De chaque côté une haute muraille noircie par l'humidité s'élance à une hauteur qui surprend ; le torrent s'y est creusé une route, ses ondes écumeuses heurtent les rochers, s'échappent tournoyantes sur des lits de cailloux.

A l'entrée des grottes se trouve une auberge, sur les murs de laquelle, à défaut de singes en nature, les voyageurs contemplent des singes en peinture.

La route de Medeah suit le cours de la Chiffa. Le torrent dans sa course vagabonde, reçoit des cascades qui tombent du haut de la montagne ; les lichens, les fougères poussent dans la fente des rochers, et dans les places les plus favorisées, où la terre végétale n'a pu être enlevée, on voit de véritables forêts, fréquentées par les animaux sauvages.

En revenant vers Alger, nous nous arrêtons à la station du Jardin d'Essai, ou Hamma.

Ce jardin commencé par le gouvernement français en 1832, a été cédé en 1867 à la Compagnie générale Algérienne. Il comprend quatre-vingts hectares, sert de promenade, de pépinière et de jardin d'acclimatation. On y a réuni toutes les différentes espèces d'arbres des pays exotiques. A l'entrée, des platanes s'élancent majestueux vers le ciel : plus loin des bambous d'une hauteur de quinze à vingt mètres se pressent drus et serrés les uns contre les autres, et la lumière vacillante qui se projette sur leur tige, leur donne tantôt des teintes bleuâtres, tantôt des couleurs d'un noir d'ébène. Mais ce que l'on remarque le plus parmi la variété des feuillages, c'est le *Ficus elastica* (l'arbre à caoutchouc) dont les teintes d'un vert émeraude tranchent nettement sur les autres verdures. A l'extrême limite du Hamma, s'étend un lac où le splendide mélumbium brille à côté des papyrus. La surface des eaux est couverte de miliers de fleurs blanches qui embaument toute la région. Entre les allées, des ficus, des datiers, des figuiers, des centaines de bananiers arrêtent à chaque pas nos regards. Les palmiers, les dattiers alternent avec les lataniers, les chamerops avec les dragoniers. Ceux-ci ont une physionomie sauvage qui fait ressortir les formes élégantes du chamerops excelsa. Leurs feuilles se tordent autour de leur tête comme des serpents, et leurs branchages enchevêtrés laissent à peine passer un faible rayon de lumière. Il est difficile de se figurer une nature aussi grandiose, aussi vigoureuse et aussi variée, pour nous pauvres Européens habitués à contempler les arbustes rabougris de nos serres.

Alger à Bougie, mardi 5 mai.

Au départ d'Alger, le chemin de fer longe la mer, puis après la Maison carrée, la voie tournant à gauche, commence à gravir des collines cultivées, d'un vert effacé. A mesure que l'on monte, les pentes sont couvertes d'oliviers sauvages, de genévriers et de lentisques. A Menerville la montagne commence ; le chemin de fer traverse tantôt des défilés où l'on voit des montagnes fendues, des rochers cassés, des paysages dévastés, horribles comme ceux du Dante ; tels sont les environs de Palestro.

A la station de Beni Mansour on change de train ; la contrée prend un aspect nu et désolé ; c'est un désert de plaines arides, qui se prolongent jusqu'à Bougie.

De Bougie à Sétif, mercredi 6 mai.

Nous partons à quatre heures du matin par la diligence qui doit nous conduire à Sétif. La campagne est un grand verger qui regorge de moissons, de vignes, d'arbres à fruits. A partir de Souk-el-Etnin la route est une corniche qui serpente au bord de la mer. Sur la droite, la montagne dresse à pic tout un échafaudage de dentelures qui semblent les ruines de forteresses crevassées.

Les précipices, les torrents se succèdent, nous allons entrer dans les défilés du Chabet-el-Arka, le défilé de l'agonie ou de la mort. Nulle autre vallée dans l'Algérie, n'offre une nature aussi menaçante et autant de ces grandeurs sévères qui agissent sur l'âme ; nulle part on ne retrouve une nature aussi heurtée. Les montagnes, géants immenses, semblent nous écraser de leur hauteur. A nos pieds un gouffre béant laisse à peine voir le torrent, dont le murmure se perd en un long gémissement. On marche toujours suspendu entre le gave et des rochers menaçants, entre un torrent qui gronde, et les cimes, dont le silence n'est troublé que par la chute des pierres.

Au-dessus de la tête, le ciel réduit à une zone étroite est comme une longue voûte supportée par les escarpements de la chaine des

Babors. Dans l'espace de deux lieues, les difficultés que l'art a

(Chabet-el-Akhra (Les Gorges, Le Pont)

vaincu, sont une suite de prodiges. Toujours ouvert à l'aide de la poudre, dans les flancs du roc le plus dur, suspendu sur des voûtes ou de longs soutènements qui vont chercher leur appui dans les profondeurs du gave, ce chemin merveilleux est sur quelques points à trois cents pieds au-dessus d'un précipice, où coule le torrent. Pour cacher l'aspect de ces abimes et protéger les voitures dans ces lieux redoutables, il a été construit des parapets pour rassurer les voyageurs. Vers le milieu de ces défilés, au milieu même du ravin, on a élevé un pont de sept arches, sur lequel descendent du haut de la montagne, des singes qui viennent se désaltérer au torrent. Un peu avant de sortir des défilés, on lit sur une grosse pierre rectangulaire en lettres énormes : *Les premiers soldats qui passèrent sur ces rives, furent les tirailleurs commandés par le commandant Desmaisons, 7 avril 1864.*

A six heures du soir, la diligence arrivait à Sétif. La pluie est menaçante, des nuages de tempête chassés par le vent courent dans un ciel noir, éclairé seulement par la lueur d'éclairs, se ramifiant sans fin. Mais bientôt les couleurs se ternissent partout, Sétif est déjà plongée dans l'ombre. Sétif rapprochée se noie dans une vapeur violette, et Sétif éloignée ne se distingue presque plus. Seules les neiges au sommet du Hodna conservent pour une dernière minute, leur étincellement rose.

Alors un pavillon blanc monte au minaret de la Mosquée. Allah-Akbar : un immense cri de foi retentit sur la ville entière. Allah-Akbar, à genoux tous les croyants ! à genoux dans les mosquées ! à genoux dans les rues ! à genoux dans les champs ! C'est l'heure sainte de Mohgreb ! Tout s'apaise, le soleil est couché. Une vapeur violette plus foncée accentue davantage le vide entre les terrasses, un silence tombe sur la ville, après l'immense prière. La nuit est venue, les étoiles s'allument, on ne distingue plus rien. Là-haut, seulement, sur une terrasse qui nous domine, un arabe reste perché en silhouette à l'angle d'un toit, contemplant je ne sais quoi, en bas dans le vide.

De Sétif à Biskra, jeudi 7 mai.

A partir de Sétif jusqu'à El-Guerra le paysage n'offre pas un grand intérêt. Les vastes plaines de Beld-en-Hour que l'on traverse, sont dépourvues de toute espèce de végétation : quelques pâturages isolés apparaissent çà et là ; de distance en distance on aperçoit des tentes. Ce sont des tribus nomades d'Arabes qui errent dans ces contrées désertes, menant avec eux leur famille, leurs troupeaux.

Les nomades n'obéissent à aucun autre souverain qu'aux cheiks de leur tribu, et peuvent à bon droit se dire indépendants. Aussi, comme ce sont des cavaliers que la rapidité de leur fuite et la vitesse de leurs montures, met à l'abri de toute atteinte, la seule manière efficace de protéger un pays contre leurs déprédations, c'est détablir de distance en distance, comme on l'a fait sur les principales routes qui traversent le désert, des forts gardés par des compagnies de soldats, dont la présence procure dans un certain rayon, la sécurité des caravanes.

Enfin, le caractère pillard de leur race, se trouve pleinement satisfait par cette vie errante. C'est lui qui depuis bien des siècles, porte ces innombrables nomades à vivre non seulement du produit de leurs troupeaux, mais encore du fruit des rapines qu'ils exercent sur les colons, sur les voyageurs et sur les caravanes. Toutefois, ces brigandages n'ont point à leurs yeux, le caractère honteux et coupable qu'ils présentent pour nous. Ces peuples errants qui vivent tout entiers dans le souvenir du passé, croient obéir à l'ordre providentiel, en suivant une tradition immémoriale, reçue de leurs ancêtres ; ils s'imaginent avoir mission de récupérer de vive force, les droits dont furent dépouillés leurs aïeux.

A la station de El-Guerra, on change de train. Le pays que l'on traverse reste toujours d'une aridité désolante, n'offrant plus à l'œil que d'immenses horizons qui vont se perdre dans des lointains brumeux. De distance en distance, sur des chotts ou lacs salés, des flamands étalent au soleil leurs plumages roses. A partir de Batna, la voie pénètre dans une contrée de plus en plus aride ; la végétation a presque cessé ; c'est à peine si de loin en loin, une place d'un vert grisâtre indique que les Arabes ont ensemencé une maigre récolte de blé. Tantôt le train passe par des gorges ou des ravins déserts, tantôt il traverse de longues plaines jonchées de blocs de pierre.

El-Kantara, avec ses défilés sauvages, ses jardins fleuris, ses lauriers roses est le lieu préféré des artistes. C'est une immense coupure entre deux montagnes, où se précipite l'Oued-Kantara. Un vieux pont construit sous Titus, sur le torrent, indique que les Romains avaient passé par là. Ils nommaient ces défilés, *Calceus Herculis*, en mémoire d'un coup de pied d'Hercule, qui avait fendu la montagne en deux parties.

De l'autre côté des gorges, le paysage change : c'est le désert ou tout au moins l'avant-scène du grand désert. Bientôt sur la gauche des groupes de montagne se dessinent, dont les crêtes en lignes droites horizontales ont l'air d'avoir été tronquées au couteau ; et quelles teintes fulgurantes, çà et là d'énormes amas de blocs carrés, gigantesques, rouges comme l'intérieur d'une grenade. Tout cela flamboie au soleil couchant, tandis que la plaine s'éteint en des teintes très calmes, violettes et grises. La ferme Dufourg est la dernière station et bientôt un coup de sifflet signale Biskra et le désert.

Biskra, jeudi 7 mai.

Depuis quelques années le chemin de fer a été prolongé jusqu'à Biskra : Cette oasis peu différente de celles que nous vîmes dans la suite, est divisée en une foule de jardins, séparés par des murs en boue séchée au soleil, et par des milliers de petits

Défilés d'El-Kantara

canaux qui courent de l'un à l'autre. Dans les jardins, on ne cultive guère que les palmiers, quelques figuiers et quelques oliviers.

L'hiver, la ville et les hôtels regorgent de monde, mais au mois de mai, les étrangers sont partis, et l'immense hôtel où nous sommes descendu est dégarni de voyageurs; il n'y a plus que quelques touristes et quelques peintres.

Après le diner, promenade à la rue célèbre des Oulad-Nails. Nous entrons dans un café maure. Le long des murs une cinquantaine d'Arabes sont debout, ou accroupis. Ils tiennent entre le pouce et l'index une tasse de caoua qu'à de longs intervalles ils portent à leurs lèvres avec un sérieux qui porte à rire. Ils restent souvent près de deux heures à déguster cette suave décoction de fèves d'Arabie.

Pendant un moment, notre présence à intéressé les Arabes : c'était pour eux une distraction, un sujet d'entretien : bientôt nous leur sommes devenus indifférents, et leurs cerveaux ont repris le cours ordinaire de leurs pensées. Ils continuent à songer... à quoi ? sans doute au paradis de Mahomet.

Tout à coup, au son d'une musique rudimentaire assourdissante, composée de flûtes et de tambourins, entre dans le café une Oulad-Nail. Elle exécute plusieurs danses accompagnées de contorsions plus ou moins excentriques : mais rien de neuf. Tout cela rappelle trop les théâtres de la place d'Armes d'Alençon pour mériter une description !

Les Oulad-Nails appartiennent à une tribu qui occupe un vaste territoire au nord-est de Lagouat. Ces jeunes filles se rendent en grand nombre dans les principaux centres sahariens, à Tougourt, à Ouargla et dans le Thouat. Au bout de quelques années elles reviennent plus ou moins riches, aux lieux qui les ont vu naitre, et s'y marient bien mieux que celles de leurs compagnes qui n'ont jamais quitté le toit paternel (1).

(1) Ces mœurs singulières existaient autrefois chez les Lydiens. Hérodote raconte (Livre I, ch. 93) que toutes les filles de la Lydie faisaient le métier de courtisanes, jusqu'au moment où elles se mariaient pour se procurer une dot. Un grand nombre de tribus Berbères étaient venues d'Asie, et il est probable que les Oulad-Nails, Berbères d'origine, descendaient des Lydiens.

Sidi-Okba, vendredi 8 mai.

Vers six heures du matin, nous partons en voiture pour Sidi-Okba. Les ponts étant un objet de luxe au Sahara, c'est dans le lit même du torrent que nous nous engageons. Le torrent est presque à sec mais rempli de grosses pierres qui n'arrêtent

Oasis de Biskra

pas cependant notre marche. Laissant à droite l'oasis, nous traversons quelques cultures où l'on coupe de l'orge, derniers vestiges de la civilisation. Puis plus rien, le désert.

Dans l'espace infini qui se révèle au regard, la végétation n'a pas perdu tous ses droits ; des plantes rabougries poussent un peu partout; de loin en loin une variété de ciguë élance ses thyrses, la coloquinte étale sur le sable ses feuilles dentelées garnies de piquants, la ficoïde ses belles fleurs rouges.

Le Sahara est d'un aspect très divers ; par endroit le terrain est plat, ailleurs il est tourmenté. Ici ce sont des cailloux, là des chotts salés, plus loin, des dunes, d'immenses étendues de sable fin, ondulées en formes capricieuses, comme des lames gigantesques.

Le premier cavalier que nous rencontrons est un cheik en grande tenue; sa femme est assise derrière lui. Aussitôt qu'elle nous voit elle jette sur sa tête un voile qui nous dérobe son visage. Plus loin, une diligence bondée d'Arabes, une caravane qui marche en ordre serré, dans la grande ombre projetée par les chameaux surmontés de palanquins. Enfin, après vingt kilomètres en plein désert, nous touchons à Sidi-Okba ! Notre voiture s'engage dans un chenal, la route se rétrécit ; de hautes murailles de boue bordent la rue, et nous arrivons à une mare dans laquelle barbotent des enfants. A gauche on voit une multitude de tumulus de pierres, c'est le cimetière ! Les arabes ne placent pas comme nous, leurs morts dans des cercueils ; ils les étendent au fond d'une fosse creusée dans l'argile, à une faible profondeur, protègent le cadavre avec des pierres plates mises en travers, et recouvrent le tout d'un monticule de terre.

Sidi-Okba est un centre arabe encore vierge de civilisation européenne. Des rues étroites, des maisons en terre à un ou deux étages, presque sans fenêtres ; çà et là, une boutique de barbier, un café maure, une échope de marchand de fruits, des bazars où se trouvent des lézards empaillés, des tapis, des parfums, des costumes arabes. Dans une de ces boutiques nous voyons opérer un barbier doublant ses fonctions de médecin ; il pratique une ponction avec un appareil en forme d'entonnoir sur le crâne du patient ; de temps à autre le savant docteur aspire pour activer la ponction. Cette opération se fait en public sur le seuil de la boutique, devant un cercle d'arabes graves et immobiles.

Des rues tortueuses en labyrinthe, nous amènent au marché aux bestiaux. La place est déserte, et d'une saleté repoussante. Nous regagnons le centre de la cité par des rues presque abandonnées, longs couloirs troués de loin en loin par une fenêtre grande comme le terrier d'un renard. Parfois tous les membres

Rue des Oulad-Naïls

d'une famille apparaissent sur le seuil de la porte. Ils nous regardent passer sournoisement, du moins ceux qui ont encore des yeux pour voir. Spectacle réellement affligeant que tous ces pauvres diables aux yeux purulents. C'est à la réverbération du soleil, à la poussière des sirocos, ainsi qu'au manque de propreté, qu'il faut attribuer ces opthalmies, si fréquentes dans beaucoup de localités du désert.

Nous arrivons ensuite à la mosquée du très vénéré Sidi-Okba. Il nous faut traverser une cour pour parvenir à l'intérieur de cette mosquée, le plus ancien monument islamique de l'Algérie.

Sidi-Okba n'est pas un marabout comme il en pullule en Algérie, c'est un glorieux émir qui vécut en l'an 670. Il fonda Kairouan, la ville sainte de la Tunisie, et soutint à plusieurs reprises, des guerres sanglantes contre les Berbères qui eurent le mérite de défendre une indépendance que la France à son tour eut pu trouver encore vivante et qu'elle eut dû protéger contre les hontes de l'Islam.

Aussi pour entrer dans un lieu aussi vénéré, doit-on se déchausser et emprunter des babouches que les arabes louent très cher. La mosquée est sombre, et l'on distingue mal les ceintres et les colonnades. On nous fait admirer le tombeau de Sidi-Okba, espèce de châsse fort modeste, recouverte de vieilles tapisseries brodées d'épigraphes et d'arabesques.

A peu de distance de Sidi-Okba se trouve le chott Melhir, couvert dans la plupart de ses parties d'efflorescences de sel et de magnésie. Sous les rayons d'un soleil tropical, il ressemble à d'immenses steppes de neigé ; par endroits cette neige fantastique est une croûte dure, cristallisée ; dans d'autres, une boue mollasse ressemblant à du savon fondu. Presque tous les grands fleuves du Sahara se jettent dans ce chott, soit par une canalisation à ciel ouvert, soit intérieure. C'est dans l'une de ces vallées si riches en production de toute espèce, que doit passer le transaharien. Ce chemin de fer ayant sa tête de ligne aujourd'hui à Biskra, se continuera d'ici peu d'années à Tougourt et à Ouargla, en suivant les vallées de Oued-Rirh de l'Igharghar et peut-être jusqu'à El-Goléa, In-Salah et Tombouctou.

Avec ce chemin de fer, le commerce de ces grandes oasis du

Sahara, aura tout avantage à envoyer ses produits vers les ports de la côte septentrionale de l'Afrique. Il n'est pas douteux que

Oulad-Naïl

si sa construction eût été entreprise plus tôt, on eût évité à la France et à l'Algérie nombre d'insurrections qui ont englouti plus de millions que ces voies ferrées n'en absorberont jamais, et coûté au pays la vie plus précieuse encore, de centaines de soldats.

Il n'est rien d'aussi fatiguant pour l'œil du voyageur, que la vue perpétuelle d'une mer de sable. En vain essaie-t-on de reposer son regard ; en vain cherche-t-on un horizon, des arbres, de l'eau. Toujours on est en présence de cette teinte jaunâtre, monotone et brûlante. Parfois le voyageur croit être arrivé au terme de ses fatigues : ce n'est plus le désert aride, nu, desséché qu'il a sous les yeux, mais une oasis verdoyante où la fraicheur fait pousser une abondante végétation. Au moment où il espère se reposer, étancher sa soif dévorante et trouver un abri pour quelques heures, le fantôme s'évanouit. Cruelle désillusion, la réalité disparait : ce n'est plus qu'un rêve dont il ne reste que le souvenir. En arrivant à Biskra nous eûmes un effet de mirage. L'horizon était borné par une végétation luxuriante. Les palmiers, les dattiers plus élevés, plus abondants que dans les autres oasis semblaient se rapprocher insensiblement de nous. Au fond, une verdure plus intense, éclairée par les rayons d'un soleil ardent, donnait encore au paysage l'aspect plus saisissant de la réalité. Enfin au pied même de cette forêt d'arbres s'étendait un immense lac, aux contours flottants, aussi vaste que le désert, aussi trompeur que lui. Tout-à-coup, tout s'évanouit, les arbres s'effacent comme par enchantement, les couleurs se transforment et le désert apparait.

Biskra, 8 mai.

L'après-midi, visite à la propriété Landon, superbe jardin, ilot fleuri dans une mer de sables. Des arbres de toutes espèces, les plantes odoriférantes, des figuiers majestueux, des bambous, d'immenses arbustes à fleurs bleues, variétés d'héliotropes, des géraniums hauts comme des arbres, des oliviers, des grenadiers, des arbres d'Europe et d'Amérique réunis par des guirlandes de lianes, surgissent de ce sol autrefois si aride. Au-dessus de ces plantes, les dattiers dressent vers le ciel leurs colonnades hardies, surmontées de chapiteaux d'où s'échappent comme des arcs de voûte, les nervures de leurs palmes finement ciselées.

Désert du Sahara

Biskra est le débouché des caravanes venant d'Oued-Rirh, de Tougourt et de Ouargla ; aussi le marché de la ville est-il toujours animé. Il y a un peu de tout dans la halle : étalages de fruits d'Afrique et d'Europe, boutiques de maroquineries, boucheries où l'on dépèce du mouton, de la gazelle, du sanglier ; éventails, couteaux kabiles, des gâteaux de dattes et de miel.

C'est là qu'on décharge les chameaux, opération à laquelle ces intelligentes bêtes se prêtent avec toute la bonne grâce dont elles sont susceptibles; sur un signe, elles s'agenouillent le plus docilement du monde.

Quant au chargement c'est un peu plus difficile. Comme les chameaux se doutent bien que cette caisse qu'on leur colle sur le dos, leur battra les flancs pendant deux ou trois cents kilomètres, ils refusent énergiquement toute génuflexion, ils poussent des cris perçants et le chamelier a beaucoup de peine à vaincre leur obstination.

En dehors du nouveau Biskra se trouve l'ancienne oasis, les ruines de l'antique kasba construite en briques et en terre, et le Hamman ou fontaine chaude, dont les eaux sulfureuses sont très en renom chez les arabes.

De Biskra à Lambèze, samedi 9 mai.

Vers dix heures nous arrivons à Batna, ville bâtie à la française. Les rues, larges, droites, les maisons neuves, régulières, font contraste avec l'habitation arabe; mais rien d'intéressant à voir, et nous avons hâte de nous rendre à Lambèze et à Timgad.

Il n'existe pas de contrée au monde, où les ruines soient plus nombreuses, et où la puissance romaine montra autant sa grandeur.

Lambèze au commencement du IIe siècle fut désignée par l'empereur Adrien pour recevoir la troisième légion et le quartier général des troupes africaines. Il fit construire un camp, des places fortes, creuser des fossés.

Parmi les monuments romains qui restent encore debout dans ces ruines, il faut citer le Prétorium. C'est un immense édifice carré à deux étages, dont il ne reste plus que les quatre murs. La façade nord est la principale ; elle est percée de trois portes cintrées ; une de celles-ci est ornée de colonnes corinthiennes. A l'intérieur il existe une vaste cour, l'atrium, destiné aux réunions et aux solennités. Ça et là des bases portent des statues, des trophées, des ornements sculpturaux.

Route de Sidi-Okba

Le Prétorium était la résidence du chef de la légion : comme ce commandement était chez les romains une chose sacrée, cet édifice était un temple. Devant la porte principale se trouvait l'autel où le général sacrifiait et prenait les auspices au nom de l'empereur.

Tous les autres monuments romains sont semés çà et là ; le temple d'Esculape, l'arc de Septime Sévère. Dans un jardin, une mosaïque bien conservée, représente un verger avec des arbres d'espèces différentes, le long desquels grimpe la vigne. Au pied d'un palmier chargé de fruits mûrs, une dame est assise sur une chaise. Elle est élégamment vêtue et porte à la main un éventail ; devant elle, un jeune homme couvert d'une tunique courte, tient en laisse un petit chien, et de l'autre main abrite la dame sous une ombrelle. Sur le haut de la mosaïque, on lit : *filosofi locus*. Nous avons sous les yeux le bosquet où se tient le philosophe ! mais lui-même où est-il ? Faut-il le reconnaître dans le jeune homme qui tient le chien et tend l'ombrelle ? ou bien ne faut-il pas prendre ici le mot de philosophe à la lettre, et voir dans (l'emplacement du philosophe) le lieu des entretiens agréables et distingués où l'on parle d'une façon discrète des lettres et des sciences, le lieu des propos galants, où on lisait des madrigaux.

De là, nous nous rendons à Timgad, par une route, ou pour mieux dire par une piste arabe qui court à travers champs. Après avoir franchi un oued desséché qu'on remonte péniblement, la vieille ville apparait. La ville de Thamagudi aujourd'hui Timgad, située dans l'ancienne province de Numidie sur les dernières pentes de l'Aurès, fut dévastée par les Maures au VIe siècle, et depuis elle a eu encore à souffrir des tremblements de terre si nombreux dans cette contrée.

Entre deux colonnes corinthiennes, une porte monumentale donne accès au forum. — Un large escalier de dix marches conduisait à une place rectangulaire, bordée d'un large trottoir. Au milieu, une grande base portait une statue élevée à la Fortune Auguste, et en mettant l'empereur sous sa protection, les habitants de Tamagudi pensaient qu'elle assurerait à la ville une longue prospérité. — A gauche était la Curie ou l'Hôtel-de-Ville, précédée d'un escalier de quatre marches, au haut duquel s'élevaient deux belles colonnes en marbre de diverses nuances.

A droite, un temple était consacré à une divinité dont on ignore le nom; en face, une plate-forme ou rostro, entourée d'une balustrade, servait de tribune où un orateur haranguait le peuple. Le forum était le rendez-vous des oisifs; ils venaient chercher sous ces portiques, un abri pour les jours de pluie,

Mosquée de Sidi-Okba

et un peu d'ombre pendant les jours d'été. Sur une grande dalle est gravée une de leurs tables de jeu, qui ressemble à nos damiers. Elle porte ces mots : *venari, ludere, lavari, ridere, occ* (1) *est, vivere.* D'après l'explication du gardien, chaque lettre de cette *tabula lusoria*, formait une espèce de case; les joueurs

(1) Pour hoc.

y plaçaient successivement des cailloux qui tenaient lieu de dés, en les faisant voyager d'après des règles que nous ne connaissons pas.

Les Thermes, semblables à ceux de Caracalla à Rome, avaient le même confortable. De suite on reconnait l'hypocauste entouré de corridors afin de faciliter le service ; puis venaient les salles par où on passait par des degrés divers de chaleur, le caldarium, le sudatorium, le tépidarium. Le pavé y est suspendu sur des piliers de briques ; on pouvait ainsi chauffer les dessous ; des plinthes de marbre couvrent les murs et sont séparées de la grosse maçonnerie par un vide de trois centimètres pour faire circuler partout la chaleur. D'autres salles grandes ou petites, rondes ou carrées, avec des absides, devaient servir aux divertissements, à toutes les occupations variées qui faisaient du bain, un des plus grands plaisirs de la vie antique.

Un peu plus loin, nous rencontrons un édifice rectangulaire, terminé par un exèdre. Cette forme absidale est ordinairement celle des basiliques ; et nous serions disposés à lui en donner le nom, sans notre cicérone qui nous dit que c'était le marché.

Le centre de la cour est orné d'une fontaine élégante, tout autour s'élevaient des portiques dont les colonnes ont été relevées récemment. Ces portiques abritaient sans doute les marchands et les acheteurs, aux heures chaudes du jour, et l'abside du fond devait être réservé à des commerces plus importants.

On y distingue sept boutiques, séparées par un mur, les unes des autres, et assez bien conservées. Une d'elles porte encore sa dalle de granit scellée dans le mur, servant de table pour étaler la marchandise. Comme cette dalle est placée en avant de la boutique et qu'il n'y pas sur les côtés, de porte pour y pénétrer, il faut bien croire que le marchand passait par dessous.

Derrière le marché, sur une hauteur, on aperçoit un amas de ruines énormes. Evidemment il y avait là un édifice plus important que les autres qui a encore plus souffert du temps et des hommes. Nous aurions grand'peine à deviner ce qu'il pouvait être, si nous n'étions renseigné par le gardien. C'était là le capitole. La place au milieu de laquelle il était bâti, était encadrée dans un portique comme celle de St-Pierre de Rome, et tout fait croire que l'intérieur devait être somptueux.

Tout près de nous vers le nord, l'arc de triomphe de Trajan, sous lequel passait le *decumanus maximus*, ou la voie romaine de Lambèze à Tébessa, est l'un des plus élégants de l'Afrique. Quoiqu'on l'ait un peu alourdi pour le consolider, il produit encore un bel effet. De même que celui de Septime Sévère à Rome, il contient trois portes. Celle du milieu pour les chars et les cavaliers, les deux autres pour les piétons. La façade est ornée de quatre colonnes de marbre portant des chapiteaux corinthiens ; dans l'intervalle, deux niches contenaient des statues.

Lorsque l'on a passé l'arc de triomphe et qu'on marche vers l'Est, on suit la rue principale de la ville. Elle est très belle cette rue, plus droite et plus large que ne le sont d'ordinaire celles de Pompeï. Elle traversait des campagnes fertiles, peuplées, et elle était très fréquentée. On le reconnait aux ornières profondes que les roues des chars ont laissées sur les dalles. Des deux côtés un large trottoir était réservé aux promeneurs et pour les mettre plus à l'abri du soleil, un portique s'élevait au-dessus.

Le long de la rue, deux fontaines de formes élégantes servaient aux habitants de Tamagudi. L'eau était très rare dans cette contrée et les romains avaient été la prendre dans la montagne.

Des canaux qui subsistent encore aujourd'hui, la conduisaient dans les rues et sur les places (1).

En traversant le forum nous arrivons bientôt au théâtre. Le théâtre de Timgad est adossé à une colline; ce qui supprimait beaucoup de maçonnerie, et assurait la solidité de l'édifice. De la façade il reste le soubassement, avec de nombreux débris de colonnes qui soutenaient un portique. Trois portes donnaient accès au bâtiment; l'une située dans le milieu, en haut de la colline pour les places supérieures, les deux autres pour l'orchestre ou le parterre. La scène n'existe plus, on en voit seulement l'emplacement. Comme tous les théâtres antiques la scène est étroite, puisqu'elle suffisait pour deux ou trois acteurs.

Comme on le pense bien, le plancher de bois qui composait le pulpitum où avant-scène n'existe plus; mais on voit encore les trois rangées de piliers de pierre, sur lesquels s'appuyaient les planches. A l'endroit où commençaient les gradins, on trouve trois marches assez larges, pour qu'on ait soupçonné qu'elles étaient destinées aux magistrats de la ville. Le milieu devait être le parterre et servait aussi pour certaines danses des mimes. Au-delà des trois marches, l'orchestre est limité par un petit mur ou podium, composé de dalles planes restées encore à leur place. Viennent ensuite sept rangs de gradins. Ils forment la première précinction; entre cette précinction et la suivante, on croit voir un second podium séparant les premières des secondes; cinq escaliers pris au dépens des gradins menaient à un passage établi devant les deuxièmes. Au-dessus on ne distin-

(1) Près de là, se trouve une salle carrée dont la destination était très facile à reconnaître, c'étaient les latrines publiques. Sur un des côtés existe une fontaine pour les ablutions, sur les trois autres vingt-cinq sièges. Chaque siège était séparé de ses voisins par un dauphin sculpté.

Timgad

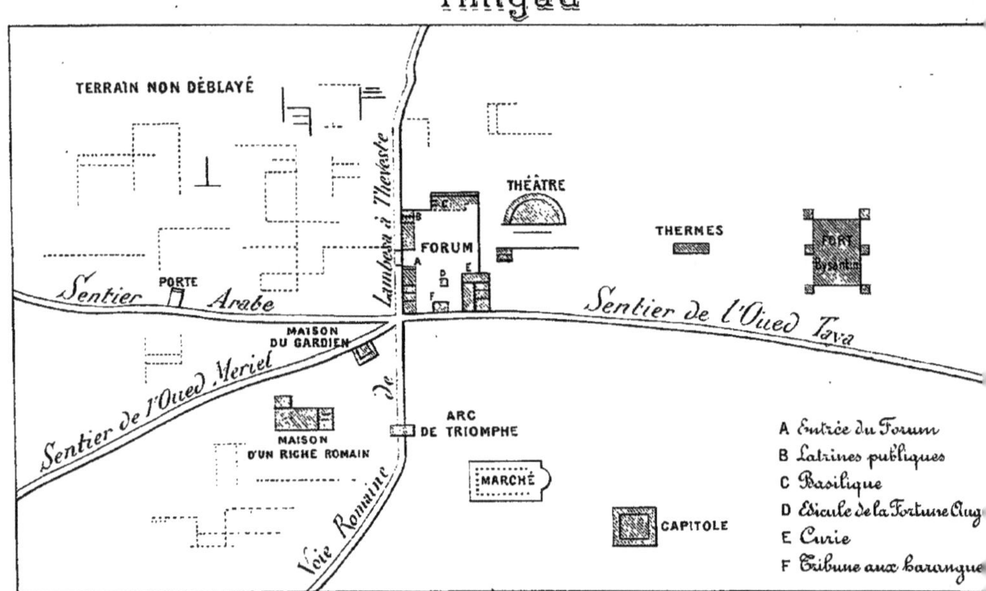

TERRAIN NON DÉBLAYÉ
Lambesa à Theveste
THÉATRE
FORUM
A
B
C
D
E
F
THERMES
FORT
Bysantin
PORTE
Sentier Arabe
Sentier de l'Oued Tava
MAISON
DU GARDIEN
Sentier de l'Oued Meriel
de
ARC
DE TRIOMPHE
MAISON
D'UN RICHE ROMAIN
Voie Romaine
MARCHÉ
CAPITOLE
A Entrée du Forum
B Latrines publiques
C Basilique
D Edicule de la Fortune Aug
E Curie
F Tribune aux harangue

gue plus rien, mais on pense que cinq autres escaliers conduisaient aux gradins supérieurs.

Comme dans tous les théâtres antiques, la salle était couverte par un velarium qu'on tendait au moyen de cordes et de poulies fixées à un certain nombre de mâts plantés autour du mur d'enceinte.

Ce théâtre si élégant dans ses proportions, si parfaitement semblable à ceux que l'on voit à Pompeï, pouvait contenir environ quatre mille spectateurs.

A notre retour nous visitons les ruines de la maison d'un riche romain. Les deux ailes étaient occupées par deux grands pavillons carrés surmontés d'un dôme. Au centre, à côté d'une porte monumentale, s'élevait une tour pour donner au propriétaire le plaisir de la vue et l'agrément du grand air. Puis un corps de logis, avec de grandes fenêtres cintrées donnaient sur la cour intérieure.

Au-dessous de sa maison, ce riche romain avait fait représenter son écurie, montrant ainsi quels étaient ses goûts et ses préférences. Les Romains aimaient par-dessus tout les chevaux ; ils les soignaient, ils en étaient fiers. Au-dessus des stalles leurs noms sont écrits : ils s'appellent Altus, Delicatus, Pullentianus, Titas, Scholasticus. Au-dessous de celui qui se nomme Altus est cette inscription : *Unus es, ut mons exultas* (tu es sans pareil, tu fais des bonds comme des montagnes). Au-dessous de celui qui se nomme Titas : *Vincas non vincas, te amamus Titas* (que tu sois vainqueur ou non, nous t'aimons Titas). Celui-ci, comme on le voit, est un cheval de course qu'on dressait à remporter des prix.

De Batna à Constantine, dimanche 10 mai.

La route de Batna à Constantine n'offre pas un très grand intérêt, quelques lieues avant d'arriver dans cette dernière ville, nous voyons de grands pâturages, où paissent des troupeaux, en compagnie de cigognes qui cherchent çà et là les reptiles. Dans le ciel, des éperviers, des vautours, des buses et des charognards de toutes sortes.

Constantine autrefois l'antique Cirta, est bâtie sur une montagne élevée, inaccessible, que protège vers le nord un escarpement abrupt ; à l'est et au sud elle est entourée par le Rumel ; il coule au fond d'un gouffre étroit, dans des profondeurs atteignant plus de cinq cents pieds.

Le torrent disparait sous des voûtes naturelles, bondit de rochers en rochers, et avant de quitter le couloir qui le resserre et l'étreint, il forme une belle cascade de cent pieds de hauteur. Un pont métallique d'une seule arche jetée sur le ravin, relie la gare à la ville et a remplacé le vieux pont romain d'El-Kantara, dont les assises indestructibles, se voient et se verront encore longtemps. Au-delà du pont une rue sépare la ville arabe de la ville européenne; elle conduit à une promenade où se voit une statue élevée en l'honneur du général Vallée. Près de là est la porte de Bab-el-Oued, celle-là même par laquelle s'élança le 13 novembre 1837, Lamoricière à la tête de la première colonne d'assaut.

Nous descendons par des sentiers jusqu'à des moulins que font tourner les cascatelles tombant des rochers. Bientôt se dresse devant nous une succession d'arches naturelles, imposantes, gigantesques, creusées par les eaux qui relient par des ponts naturels la Kasba au faubourg de Mansoura. Ces arches de près de cent mètres de hauteur, cette eau bouillonnante semblant sortir d'une dernière voûte dont on n'aperçoit pas le fond, ces milliers d'oiseaux de proie qui tournoient en poussant des cris aigus, répercutés par les parois des rochers à pic, tout cela n'aurait-il pas donné à Dante un cadre saisissant pour l'entrée de son enfer ?

Constantine

Nous rentrons en ville par la route de la corniche pour descendre dans le quartier arabe ; les rues sont étroites comme ans le viel Alger ; de petites échoppes sans profondeur bordent es ruelles, presque toutes occupées par des maures et des juifs. Des baraques noires, sales, où pendent des animaux écorchés, es essaims de mouches qui bourdonnent autour de vous, donent à ce quartier une horreur inoubliable. Un vieil arabe, enfile sur une brochette de bois, des grillades, où les morceaux de foie alternent avec les morceaux de graisse, et les fait rôtir sur des charbons ; des tripes rissolent sur des brasiers d'où se dégage une âcre odeur qui prend à la gorge : il faut pour aller jusqu'au bout de ce quartier une résolution énergique.

De Constantine à Soukaras, lundi 11 mai.

Nous quittons Constantine vers six heures du matin. Deux heures après, nous arrivons dans une belle vallée où se trouvent les sources thermales de Hamman-Meskoutine. Ces sources étaient en grande faveur autrefois chez les Romains, sous le nom de Aqua Tibilitanæ. De nos jours, elles ont une célébrité qu'elles doivent non seulement à leurs propriétés curatives, mais encore au site d'où elles s'échappent.

De nombreux monticules s'échelonnent dans la vallée. De leurs sommets s'évaporent en sinueux tourbillons, des fumées si épaisses qu'il est impossible de distinguer nettement ce qui les environne. Tels que des geysers, les eaux jaillissent du haut de la colline en bouillonnant ; elles sortent de la terre à cent degrés et se divisent en d'innombrables branches. Ces torrents dans leur course impétueuse, tombent en cascades et se réunissent tous dans la vallée. Au milieu de la buée, une masse blanchâtre apparait : d'innombrables stalactites tapissent les monticules. Ces cristallisations élégantes, ici d'une blancheur éclatante, là d'une couleur de rouille claire, ressemblent à de l'albâtre et paraissent avoir été ciselées. Derrière cette nature si mouvementée l'œil se repose sur des massifs d'oliviers, de lentisques, de lauriers roses entrelacés de vignes vierges.

La végétation dans cette contrée est merveilleuse, quel tapis de fleurs ; si loin que la vue s'étende, d'incomparables bigarrures

Cascade du Rumel

sur la plaine, des zones absolument roses de mauves, des marbrures de marguerites blanches comme la neige, des raies de boutons d'or d'un jaune intense ; sur les collines où la terre est plus sèche, des lavandes si pressées que le sol est absolument violet, des milliers de papillons, de scarabées, d'êtres ailés, circulent, bourdonnent et se grisent de bonne odeur et de lumière.

Des perdrix rouges, des perdrix grises, se lèvent à chaque instant sous nos pas, et des oiseaux de toute espèce chantent à pleine voix dans les arbres.

Tout le pays est plein de cavernes, mais une des plus curieuses est celle où se trouve le lac souterrain.

Au mois de juillet 1878, un affaissement du terrain se produisit avec fracas ; la partie supérieure du sol montra une concavité de deux ou trois mètres, laissant entrevoir une caverne. En descendant à une quinzaine de mètres sur des blocs éboulés, les explorateurs se trouvèrent en présence d'une masse d'eau considérable, formant un lac d'environ cent cinquante mètres de longueur. Rien n'est changé depuis cette époque.

Le sol de la voûte est formé de pierre calcaire, teinté en rose par le fer, et de distance en distance, des stalactites suspendues à la voûte produisent à l'œil un effet grandiose.

Mon ami m'avait devancé quelque peu, et s'était aventuré dans l'intérieur de la sombre caverne, afin d'observer les reflets de lumière. Je me disposais à le suivre, lorsque j'entendis un bruit semblable à celui d'un corps qui tombe dans l'eau : ma frayeur était au comble ! Comprenant que j'étais en présence d'un accident, je me proposais résolument à le secourir. Quelle ne fut pas ma joie de le voir sortir progressivement de l'eau et se dresser dans l'ombre. Son sang-froid l'avait sauvé, pas d'accident, un simple bain de pied.

D'Hamman-Meskoutine à Soukarras, on passe par Guelma située au milieu d'une plaine immense. Après Duvivier le chemin de fer commence à gravir les pentes du Fedji-Makta. A mesure que la voie s'élève, le panorama qui se déroule à droite et à gauche devient magnifique. La vue domine les vallées de l'Oued-Melah et de la Seybouse et l'on aperçoit souvent dans des courbes à plus de cinq cents pieds de profondeur, le tracé que l'on vient de parcourir.

Constantine, Le Pont d'El-Kantara

Soukarras, lundi 11 mai.

A peu de distance du fameux champ de bataille de Zama, sur le versant de deux collines, il est une petite ville que les arabes nomment aujourd'hui Soukarras ; ses maisons blanches s'élèvent sur l'emplacement d'une ancienne ville romaine appelée Thagaste, et des ruines se voient encore à moitié enfouies dans le sable. C'est là que naquit sainte Monique, et que saint Augustin fit ses premières études qu'il devait plus tard terminer à Madaure et à Carthage.

Soukarras à Tébessa, mardi 12 mai.

Au sortir de Soukarras que nous quittons à trois heures du matin pour nous rendre à Tébessa, la voie traverse d'immenses forêts de pins et de chênes lièges ; à douze kilomètres parait Moaourouk autrefois Madaure. Les débris des grands monuments que couvrent aujourd'hui le sol, indiquent que la ville devait être riche, imposante et bien habitée. C'est dans cette ville que naquit Apulée, l'auteur des *métamorphoses* et de *l'âne d'or*, tableau complet de la vie et de la société au IIe siècle. Après quarante-cinq lieues de trajet à travers des terrains d'une aridité désolée, nous arrivons à Tébessa.

Tébessa, mercredi 13 mai.

Au sortir de la gare à cent mètres à peine, en avant de nous, les gigantesques remparts se dressent, ayant l'air de piquer leurs rangées de créneaux dans les nuages du ciel. Une porte ogivale nous donne accès dans la ville. Tébessa autrefois Theveste dont la fondation remonte à l'an 75 après J.-C. était la ville romaine la plus belle de la Numidie.

C'est aussi dans cette ville que saint Maximilien, en l'an 295 après J.-C., fut mis à mort, pour ne pas contrevenir à certaines observances, auxquelles on ne pouvait se conformer sans idolâtrie.

Aujourd'hui Tebessa est un dédale de rues obscures qui s'enchevêtrent en tous sens, entre de grandes murailles noirâtres.

Quatorze tours flanquent les murs de cette citadelle qui fut construite à la hâte par *Solomon*, successeur de Bélisaire, avec tous les débris de l'antique Theveste.

Les murs portent encore les vestiges des constructions romaines. Les murailles laissent voir des inscriptions, des moulures; çà et là des chapiteaux, des futs de colonnes qui font saillie sur la rue. Tous ces matériaux, débris de l'ancienne Théveste ont été pris au hasard et jetés pêle mêle sans que l'on ait pris soin de les tailler.

Cascade de Hammam-Meskoutine

Une de ces rues nous conduit à l'arc de Septime Sévère. Ce monument presque intact, porte un attique orné d'inscriptions : il possède encore les restes de l'un des deux édicules qui contenaient les statues de Caracalla et de Geta. En avant des façades, quatre colonnes supportent la frise.

Les quatre faces sont de même largeur, de même hauteur. Au-dessus de ses portes, sont sculptés les têtes des empereurs romains, et au-dessous des trophées. Chaque côté représente un arc de triomphe d'une seule arche, et il est le seul exemple d'arcs antiques possédant cette disposition.

Près de l'arc de Septime Sévère, dans l'intérieur de la ville, est bâti un temple corinthien, dit de Minerve, qui rappelle beaucoup la Maison Carrée de Nimes. On y accède par un escalier de vingt marches. Le portique est entouré de colonnes assez élevées. La frise qui surmonte ces colonnes, est d'une ornementation fort riche et elle est divisée en compartiments égaux. Les uns représentent des têtes de béliers ou de taureaux, les autres, les attributs de Minerve, tels que la chouette aux ailes déployées et des serpents entrelacés de rameaux d'olivier. L'attique offre les mêmes divisions que la frise. Dans les unes, on a figuré des guerriers armés, des haches, des casques ; dans d'autres, des cornes d'abondance, des guirlandes entrecroisées, et suspendues à des rosaces.

Le curé de Tebessa, archéologue distingué, à qui nous devons ces explications détaillées sur ce monument, nous ouvre la porte de ce temple ; à l'intérieur on voit une collection remarquable de pièces de monnaies romaines, des mosaïques, représentant des divinités, des statues, des objets du culte des premiers temps de l'Eglise, trouvés dans l'ancien monastère.

A cinq cents mètres de la ville, dans la direction du Nord-Est on aperçoit les splendides ruines dites de la Basilique, qui appartenaient à un monastère datant des premiers siècles du christianisme. Ce monastère entouré d'une enceinte en forme de quadrilatère, avait été érigé sur l'emplacement de temples païens de Theveste.

Ce monument dont on doit faire remonter l'origine à la fin du quatrième siècle, nous donne des renseignements fort précieux, sur les dispositions des premiers *(monasteria clericorum)*, dont il est le plus ancien exemple et le mieux conservé.

Vis-à-vis de la ville, une grande porte conduit à une avenue dallée, qui partage l'ensemble des constructions en deux parties. Le côté sud est caractérisé par les restes du cloître. A l'extrémité de l'avenue, un vaste bâtiment accompagné de salles annexes pour l'emmagasinage des fourrages, servait d'écurie. Sur le côté nord se trouve la cathédrale, la demeure de l'évêque, située au milieu des cellules réservées au clergé. Un grand perron, donne accès à la cathédrale. Il était orné de deux grosses colonnes de marbre, surmontées de statues. De chaque côté de l'escalier d'entrée, s'élevaient *deux tours*, véritables précurseurs des clochers futurs de la chrétienté.

Un atrium précédé d'un portique d'entrée, était orné d'une fontaine, et utilisé pour la purification des fidèles, usage adopté plus tard par les Musulmans ; de nos jours on se contente du simulacre de ces ablutions, en trempant les doigts dans le bénitier de nos églises.

Nous entrons dans la basilique, dont la forme est celle des églises antiques. Deux rangées de bas côtés accompagnaient la nef ; elle conduisait à l'abside demi circulaire, où se dressait le trône épiscopal ou *cathédra*. Au milieu, l'autel entouré de clôtures de pierres l'isolait du commun des fidèles. Dans la nef, des colonnes surmontées de consoles soutenaient les murs.

Le sol est dallé en mosaïques des plus riches couleurs ; les murs et la voûte lambrissée de marbres donnaient à cette église un aspect imposant.

Extérieurement sur toute la longueur des bas côtés et le long du chevet de l'église, sont disposées les cellules des religieux et de l'évêque.

A côté de l'église, la chapelle funéraire à la forme d'une

petite basilique. Ce petit édifice occupait l'intervalle des contreforts intérieurs de l'enceinte fortifiée. Ces contreforts supportaient un chemin de ronde servant de communication entre les tours de défense.

A l'intérieur, ces tours formaient une saillie comme dans beaucoup de forteresses romaines et bysantines. Il faut voir dans cette disposition, des précautions prises dans le but de surveiller les voleurs qui eussent pu se glisser parmi les pélerins accourus des environs, au jour des grandes solennités.

De Tébessa à Tunis, mercredi 13 mai.

Nous reprenons le chemin de Souk-Arras, et à cette station, la ligne de Tunis. La voie suit la Medjerda, le plus grand fleuve de la Tunisie ; près de Beja elle se heurte à une montagne élevée qui lui barre le passage, et dans laquelle elle s'est creusé un chemin par des gorges abruptes ; puis elle reprend son cours majestueux jusqu'à son embouchure. Au moment des grandes crues, la Medjerda est un fleuve terrible, enlevant les ponts et les obstacles qu'il rencontre, mais ordinairement pendant les trois quarts de l'année il ne remplit même pas le fond de son lit. Son courant n'est pas sensible, il semble s'endormir en ses innombrables méandres. C'est le fleuve qu'à dépeint le poète Italicus, le Bagradas aux eaux troubles qui foule d'un pied lent, les sables desséchés.

Nous arrivons à 10 heures du soir à Tunis.

Tunis, jeudi 14 mai.

Il y a peu de paysages maritimes d'un aspect plus grandiose que celui du golfe de Tunis. La magnificence de la nature, la grandeur des souvenirs, tout concourt pour donner à ce pays un spectacle unique.

Tunis se compose de deux parties bien distinctes, la ville européenne, la ville arabe. La première, qui prend de jour en jour plus d'extension, s'étend des vieux remparts à la mer. Quant à la partie arabe, elle est circonscrite à l'intérieur des fortifications.

Tunis, on le sait, a été depuis la conquête arabe, un centre de trafic important entre l'Afrique Australe et les régions qui touchent au bassin méditerranéen. C'est à Tunis que s'approvisionnent les caravanes partant pour le Soudan, et de même c'est Tunis, qui au retour, leur sert d'entrepôt. L'esprit nomade des Arabes, l'activité mercantile des Juifs, l'industrie des Maures ont donné de tout temps à cette ville une prépondérance sur tous les pays voisins. Les Souks sont occupés par des industries diverses, réunies dans un quartier, près de la grande mosquée de Zitouna. Les boutiques sont fermées par des arcades à jour, en bois sculpté, assemblées avec art. Chacune de ces boutiques est précédée d'un comptoir où sont étalées les marchandises. Dans ces souks on trouve des costumes enrichis de broderies d'or ou d'argent, des harnachements en cuirs de couleur relevés de métaux précieux, de lourds bijoux d'argent, des couvertures à rayures diaprées, dont les plus riches sont lamées d'or et d'argent, des tapis de Smyrne, de Beyrouth, des burnous, des étoffes de soie les plus variées, enfin toutes les inutilités que crée le génie rêveur de l'Orient.

Avant de quitter ce quartier, citons le souk des parfums dont les boutiques minuscules sont remplies des produits les plus extraordinaires de la parfumerie et de la pharmacopée indigène. Sans doute les parfumeurs arabes font quelques emprunts à leurs collègues européens, puisqu'ils admettent des marchan-

4

dises parisiennes à leur étalage ; mais ils réservent leurs préférences pour les produits de l'Inde ou de la Chine, qu'ils nous montrent dans des boîtes enfermées dans des coffrets en bois incrusté de nacre et d'ivoire. L'entrée de la Djama-Zitouna ou la grande mosquée, interdite aux chrétiens comme toutes celles de Tunis, depuis l'occupation française, est un centre d'enseignement pour les étudiants en théologie musulmane.

A gauche du bazar, nous visitons le palais Hussein. C'est une des merveilles de l'architecture tunisienne. Un vestibule garni de faïences murales, donne entrée dans une cour ornée d'arcades. Sur cette cour s'ouvrent les salons, séparés les uns des autres par des colonnes surmontées de cintres, avec des plafonds à solives apparentes et à caissons très ornés.

Le Dar-el-Bey, palais dans lequel le Bey rend la justice, donne sur une grande place entourée d'arcades. La partie du rez-de-chaussée conduit dans différentes salles décorées avec goût. Leurs plafonds sont peints, leurs voûtes sculptées, leurs lambris rehaussés de faïences ou d'incrustations de marbre. Elles sont malheureusement garnies d'objets disparates, de meubles sans caractère, vendus au commencement du XIXe siècle par des commerçants peu scrupuleux qui ont exploité l'Orient arabe, et dont Daudet a tracé les portraits dans son Nabad.

En face de la façade de Dar-le-Bey, s'élève la Kasbah, ancienne citadelle de Tunis, maintenant occupée par des casernes construites depuis le protectorat. Puis par la rue qui débouche en face du Dar-el-Bey, nous descendons dans la partie septentrionale de la ville, et dans le quartier Halfaouine, qui renferme un grand nombre de maisons intéressantes et quelques riches mosquées, comme celles de Youssef-Sahab et de Sidi-Marez. C'est aussi le quartier des Juifs que l'on reconnaît à leur costume original.

Tunis, vendredi 15 mai.

La route qui conduit au Bardo passe sous les arches hautes et étroites d'un aqueduc Romain. Le Bey ne vient presque plus au Bardo, et le service chargé de l'entretien l'a entièrement bouleversé. Au rez-de-chaussée, un vestibule voûté, ouvrant sur une cour ornée d'une fontaine, donne accès à trois grandes salles. Celle du milieu, remarquable par un grand patio avec une fontaine au centre, est consacrée aux collections épigraphiques. On y a rassemblé les inscriptions les plus curieuses, en les groupant par régions, et par localités.

Dans la salle à gauche le plafond est orné d'une coupole à caissons dorés d'un grand effet. Le sol est recouvert d'une belle mosaïque, dont l'éclat répond fort heureusement à celui des murs ornés de faïences. Au fond de la pièce sont disposés des statues qui jettent une note blanche sur cet ensemble polycrome; çà et là des vitrines renfermant des objets en terre cuite, en verre et en bronze.

La salle de droite était autrefois le harem. C'est une salle en croix, dont le centre est surmonté d'une coupole. Les voûtes sont en plâtre d'une exécution très riche. Des méandres, des nœuds hindoux, des palmettes égyptiennes sont le résumé de toute la tradition d'un art très florissant dans l'Afrique du Nord.

Dans l'après-midi, nous prenons le petit chemin de fer italien Rubbatino pour nous rendre à Carthage. Le train contourne les bords du lac, effrayant des bandes de flamants roses qui pèchent dans les eaux tranquilles. Bientôt nous arrivons à la Marsa, station la plus rapprochée des ruines Carthaginoises; les ruines ne sont pas très nombreuses, mais celui qui se rend à

Carthage ne vit pas dans le présent : il vit à la fois dans le passé et dans l'avenir, dans l'attente du spectacle qu'il se promet, dans le souvenir des grands événements dont ce lieu a été le théâtre.

Que de choses se sont passées sur cette pointe de terre, que l'on nomme Byrsa ; combien de drames sanglants, combien de faits héroïques et douloureux, depuis le jour où, suivant la légende, la ville de Carthage a été fondée par Didon, cette Tyrienne que le génie de Virgile a immortalisée, jusqu'à celui où Saint-Louis expirant, a prononcé les paroles mémorables que l'histoire nous a conservées.

Protégée par des défenses naturelles, devenue l'entrepôt du commerce de l'Occident, la Carthage punique fut bientôt une des plus grandes villes du monde. De Byrsa où la vue s'étend sur les environs, on peut s'en figurer la forme et l'étendue. Tous les quartiers se groupaient autour de la colline, les uns regardant la mer, les autres tournés vers la plaine. La ville dans sa longueur allait du lac de Tunis jusqu'aux environs de Bou-Saïd. Là, commençait l'immense faubourg de Megara, la ville nouvelle, qui longeait la côte jusqu'à Kamart. La Carthage punique comptait sept cent mille habitants ; la Carthage romaine bâtie sur ses ruines ne devait pas être moins peuplée, puisqu'on la regardait comme la troisième de l'Empire. Comment donc la Carthage romaine a-t-elle pu disparaître. Voilà ce qui est difficile à expliquer. On croit cependant que ses ruines ont dû servir à la construction de Tunis, où l'on trouve à chaque pas, encastrés dans les maisons mauresques, des fragments de marbre ou de colonnes.

La ville de Carthage, dit Appien, était protégée par une triple enceinte. La première devait être un simple retranchement, l'autre un rempart un peu plus fort ; enfin s'élevait le mur proprement dit de quinze à dix-huit mètres de haut. On avait aménagé à l'étage inférieur des logements pour trois cents éléphants, et au-dessus, étaient bâties des écuries pour quatre mille chevaux.

Il y avait deux ports, l'un marchand, l'autre militaire. Ils n'avaient qu'une entrée qu'on fermait avec des chaînes de fer, et autour étaient construits de grands quais. Dans le port militaire on avait ménagé une série de deux cent vingt cales, dont chacune pouvait contenir un vaisseau de guerre. Au devant de chaque cale s'élevaient deux colonnes d'ordre ionique, qui donnaient l'aspect d'un portique. Au milieu de ce second bassin se trouvait une île dans laquelle s'élevait un édifice portant le nom de l'Amirauté. Comme il était assez élevé, on pouvait de là, non-seulement surveiller les ports, mais encore regarder ce qui se passait au large.

En sortant de la gare de la Marsa, nous voyons les restes de l'amphithéâtre, qui se trahit par une ellipse légère, et des soubassements recouverts de terre. Là furent martyrisés un grand nombre de chrétiens, sainte Perpétue et sainte Félicité qui furent livrées à la fureur des animaux sauvages.

De là nous allons à la Malga visiter les citernes carthaginoises. Elles sont au nombre de vingt-quatre ; chaque citerne est séparée de sa voisine par des murs sur lesquels s'appuient les coupoles. Des conduits pratiqués dans l'épaisseur des murs donnaient passage aux eaux que l'on faisait venir d'une fontaine située dans le voisinage de Kairouan.

En remontant vers le haut de la colline, autrefois appelée Byrsa, se dresse la cathédrale de Carthage, le sanctuaire central du christianisme, reprenant possession d'une terre, d'où il avait été chassé depuis si longtemps. C'est le temple que Saint-Louis rêvait peut-être d'édifier à la gloire du Très-Haut, et que le patriotisme d'un grand évêque, Mgr de Lavigerie, successeur de saint Cyprien et de saint Augustin est parvenu à bâtir. Le style adopté est le même que celui de l'église de Saint-Vincent-de-Paul à Marseille ; c'est à la fois le style arabe, sicilien et bysantin.

Derrière la cathédrale on remarque une petite chapelle élevée par Louis-Philippe à la mémoire de Saint-Louis.

Près de cette chapelle un musée très riche est confié à la garde d'un religieux, correspondant de l'Institut de France, le P. Delattre qui a réuni dans un immense local, tout ce que le sol de Carthage a pu fournir d'antiquités.

A la vitrine d'honneur on a placé les bijoux apportés d'Egypte à Carthage, ou fabriqués dans cette ville par des artisans Egyptiens. Des amulettes figurant l'Oudja, le dieu Babes ; à côté des amphores on voit une collection de lampes romaines, ornées de sujets les plus variés, des châsses, des portraits de divinités et une série de lampes chrétiennes, avec des représentations symboliques, comme le chandelier à sept branches, l'agneau, la colombe, la croix, le Christ même, foulant du pied le serpent.

La sculpture est représentée dans cette salle par quelques fragments assez curieux et parmi ceux-ci on peut citer la tête de Junon que l'on a appelée tête de Tanit et la statue romaine élevée à la Victoire. Dans le jardin du séminaire, les fragments sont encore plus nombreux ; çà et là des corps sans tête, des têtes sans corps, des mains sans bras et des jambes sans pieds, des figures de Jupiter, de Minerve, d'empereurs et d'impératrices.

La gauche du monument est réservée aux inscriptions romaines dont la majorité se compose d'épitaphes ; à côté se trouvent des inscriptions chrétiennes qui ont surtout pâti de la rage destructive. Heureusement le but n'a pas été atteint ; on a retrouvé beaucoup de noms d'évêques, des prêtres et des dignitaires, dont beaucoup sont morts sans doute, martyrs de leur foi.

Du haut de la colline de Byrsa, on contemple un spectable où il est impossible de désirer plus merveilleux, plus éclatant de lumière plus émouvant dans sa simplicité.

A l'horizon, les collines de Kourbès, Hammam-lif et de Zaz-hougan ; au second plan, le golfe de Tunis, tache d'un bleu transparent, profond, véritable saphir, qui reflète le ciel dans ses eaux. A droite, le lac de Tunis, séparé du golfe par une languette de terre sur lequel La Goulette est assise ; à gauche, le charmant village de Sidi-bou-Saïd. Il est lorsque l'on part de Tunis vers la France, le dernier point blanc, qui semble vous dire un dernier adieu.

Au bas de la colline, les anciens ports de Carthage ne sont plus aujourd'hui que deux petits lacs, deux pièces d'eau que l'on dirait faites pour quelque jardin anglais.

De Byrsa nous descendons dans le quartier de Dermèche C'est là que les fouilles ont été les plus heureuses et tout dernièrement on croit avoir trouvé les bases de plusieurs édifices carthaginois. C'est là aussi que l'on a découvert des tombes, grâce aux explorations intelligentes du père Delattre. Elles sont composées de grands blocs de pierre, sans mortier ni ciment. Au-dessus de chacune d'elles, des dalles inclinées l'une sur l'autre forment une sorte de triangle, soit pour protéger le tombeau contre la poussée des terres, soit pour le garantir de l'humidité. Intérieurement ces tombes renferment une ou plusieurs urnes, noyées dans la maçonnerie : elles sont en communication avec l'extérieur par un tuyau de terre cuite. On faisait par là glisser jusqu'au centre du tombeau la monnaie destinée à payer le passage du Styx sur la barque à Caron, et les libations funèbres dues au mort à certains jours de fête.

Le père Delattre a retrouvé aussi de petites lamelles de plomb soigneusement enroulées, et contenant des formules magiques. Lorsqu'on voulait perdre l'homme qui vous avait nui, la femme qui vous avait trahi, le cheval du concurrent dont on craignait la victoire, on inscrivait son nom sur une feuille de plomb, en l'enveloppant dans des malédictions, et on glissait le tout dans l'intérieur de la tombe. Un amant malheureux nommé Successus, ne sachant comment se faire aimer d'une femme nommée Successa, s'était tourné vers un mauvais génie et lui avait écrit dans un latin défectueux : *Uratur sucesa aduratur amore vel desiderio sucesi.* Que l'amour et le désir de Successus brûlent et dévorent le cœur de Successa. On pouvait aussi y introduire des objets de parure, des bagues, des colliers, des lampes à deux becs, des vases de toute espèce. Près de là, le quartier des Thermes. Les grandes citernes sont au nombre de dix-sept, disposées parallèlement et séparées l'une de l'autre par un mur épais. La construction primitive est assurément de l'époque punique, mais à l'époque romaine elles ont été certainement restaurées : aujourd'hui elles sont remises à neuf et l'on entend le murmure des eaux qu'un aqueduc moderne amène de Zazhougan : elles sont destinées à servir d'approvisionnement à la ville de la Goulette.

Nous reprenons le chemin de Tunis, ou plutôt un sentier pavé de quelques mosaïques, derniers vestiges de la grandeur Romaine. Devant nous une longue plaine aride et monotone fait suite à des paysages ensoleillés ; des champs d'orge, étalent leur blonde chevelure, jaunie par le soleil ; de maigres cactus, tels des points verts, semblent avoir été jetés dans un horizon d'or.

C'est l'époque du passage des cailles : elles arrivent en grand nombre dans ces parages au mois de mai. Des chasseurs les attendent au passage, et des coups de fusils répétés nous donnent l'impression d'une petite guerre.

Tunis, samedi 16 mai.

Depuis quelques années, les paquebots desservent Tunis. Vers cinq heures, le signal du départ est donné, nous marchons lentement ; le chenal est resserré et ne laisse passage qu'à un petit nombre de vaisseaux. Nous jetons un dernier regard sur Tunis : au loin la colline de Byrsa dresse ses pics blanchâtres, et la mer paisible comme un lac vient mouiller ses flancs. Bientôt la côte disparaît dans une ombre violette ; un dernier regard à cette terre africaine ! après demain nous serons à Marseille.

Aujourd'hui, nous avons achevé la conquête de l'Algérie : de la Méditerranée au Sahara tout appartient à la France, et il n'y a pas de steppe si sauvage où ne flotte le drapeau français. Dans cet immense espace, nous avons bâti des villes, construit pour certaines administrations des édifices qui ressemblent à des palais ; assaini des plaines marécageuses, tracé près de treize mille kilomètres de routes, dépensé des centaines de millions.

Cependant, il faut reconnaître que notre succès n'est pas complet. Après avoir vaincu les mahométans, nous n'avons pas su les gagner : aucun rapprochement ne s'est fait entre eux et nous, ils vivent à part, gardant fidèlement leurs croyances, leurs habitudes, et ce qu'il y a de plus dangereux, leurs haines. L'Algérie contient deux populations voisines et séparées qui ne se disputent plus, qui paraissent se supporter : mais au fond elles sont mortellement ennemies l'une de l'autre. C'est une situation grave, qui rend notre autorité précaire, et donne beaucoup à réfléchir aux esprits sages et éclairés.

Quel est donc l'obstacle qui met une division entre nous et les arabes ? c'est leur religion. Elle commande de nous haïr, et elle rend les indigènes nos plus mortels ennemis. La guerre qu'ils nous ont faite pendant cinquante ans n'était pas une guerre nationale, mais une guerre religieuse, une guerre de fanatiques.

Rien de pareil n'existait avant la conquête arabe. L'Église d'Afrique par les prédications de Tertulien, de Saint-Cyprien et de Saint-Augustin, développa la religion dans les classes inférieures. Cette population se composait non-seulement de Romains, mais encore de Lydiens, d'Ethiopiens qui faisaient partie de la grande famille des Berbères. Le christianisme prenait de plus en plus d'extention, et on construisit en peu d'années sept cents églises fréquentées assidûment par un grand nombre de prosélytes (1).

Mais vers la fin du VIIe siècle, l'Afrique du Nord fut une des premières contrées du monde à subir la terrible visite de ces armées fanatiques que Mahomet lança sur le monde, et qui d'une main tenant le coran, et de l'autre l'épée, entreprirent de convertir la terre en la conquérant. Grand Dieu ! s'écrie Okba vainqueur, faisant entrer son cheval dans les flots de la mer : *La mer seule m'arrête !*

Avec une religion aussi facile que celle de l'Islam, il n'était pas difficile d'amener les indigènes à embrasser le culte de Mahomet

Ce faux prophète prêchait la satisfaction des passions et avait pris dans la religion chrétienne les préceptes les plus faciles à observer. La conquête arabe anéantit les dernières traces du

(1) Saint-Augustin Epist. 16, 17.

christianisme naissant, chez tous ces peuples berbères, et jusqu'à nos jours l'islanisme régna en maître dans ces contrées.

Il s'agissait de ramener à la foi primitive ces descendants des Berbères, les Kabyles, les Touaregs, les Mzabites : il fallait les rendre à cette Église maternelle que la violence de l'Islam les avait forcés de quitter. Ce rôle était dévolu au cardinal Lavigerie, à cet homme qui fit par la charité ce que les armes ne pouvaient faire par la force. Il fonda les séminaires de Maison-Carrée et de Carthage, et envoya des missionnaires à Biskra, à Lagouat, à Touggourt, à Radamès, etc. Les Kabyles furent surtout le peuple dont il se préoccupa le plus, car il savait que leurs *mœurs*, *leurs institutions relataient une ancienne tradition* du christianisme et que la femme kabyle au lieu d'être réduite à l'abjection de la femme arabe, a quelque chose de la dignité de la femme chrétienne.

Ce fut donc à l'entrée de la Kabylie qu'il fonda le séminaire de Maison-Carrée, le point où l'apostolat devait rayonner sur toute la contrée. Réhabiliter, sauver ce peuple en le ramenant à son ancienne foi, telle était la politique de ce prélat : politique qui pouvait assurer à la France, en tenant l'arabe en respect, un empire africain fondé sur la croyance antique des indigènes. Cet empire eût été d'autant plus incontesté, que s'il eût rappelé notre victoire, il eût montré que nous avions seulement combattu pour respecter, consoler et restaurer les consciences.

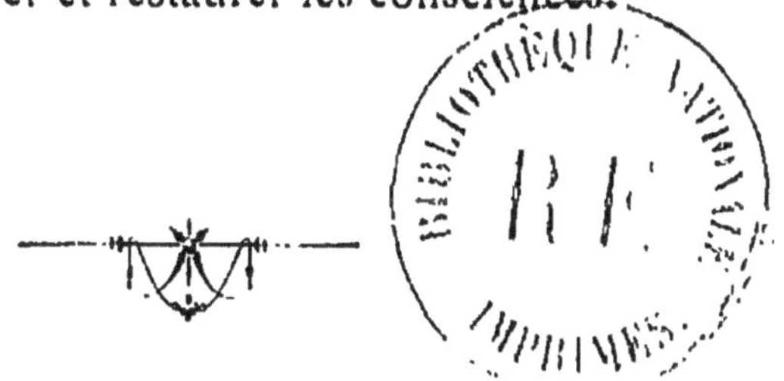

Typographie et Lithographie Alb. MANIER, 5, Place d'Armes, Alençon.

(Anciens Établissements Poulet-Malassis.)

(Encres de la Maison Lefranc, Rue de Seine, à Paris.)

www.ingramcontent.com/pod-product-compliance
Lightning Source LLC
LaVergne TN
LVHW010043230826
846091LV00005B/1846

* 9 7 8 2 0 1 3 6 3 1 1 1 2 *